ALGARAVIAS: ECHO CHAMBER

ISBN 978-1-937027-64-3
First Edition, First Printing, 2016
Second Printing, 2020 (500 copies)

Distributed to the trade by
SPD / Small Press Distribution
spdbooks.org

Ugly Duckling Presse
The Old American Can Factory
232 Third Street #E-303
Brooklyn, NY 11215
uglyducklingpresse.org

Cover image © 69pixelz, 2016, 2020
Design and typesetting by goodutopian
Printed offset and bound by McNaughton and Gunn

This publication was made possible in part by a generous grant
from the National Endowment for the Arts, and by continued
support from the New York State Council on the Arts.

# ALGARAVIAS

## ECHO CHAMBER

Waly Salomão

Translated from the Portuguese by
Maryam Monalisa Gharavi

This translation is dedicated to
Soheila Samet Gharavi and Mohammad H. Gharavi,
who crossed a sea to be transformed.

# CONTENTS

ALGARABÍA. Del á. al-garb, el occidente: algarabia, el poniente, cosa de poniente, gente que vive hacia el poniente, lengua de los alárabes que morában hacia el poniente: Y como esa lengua de los alárabes era un á. corrompido, poco inteligible para los castellanos, de ahí que traslaticiamente pasase algarabía a sígnificar cosa dicha o escrita de modo que no se entiende, y gritería de varias personas que por hablar todas a un tiempo, no se puede comprender lo que dicen. − Otros dicen que salió de alarabiya, la lengua á. Algarabía es también nombre de planta, y parece que se le dió por la confusión de sus ramas, aludiendo al significado con que está comunmente recebida la voz algarabia (Academia Española).

Pedro Felipe Monlau,
*Diccionario Etimológico de la Lengua Castellana,* 1856

ALGARABIA. From the Arabic *al-garb*, the West; algarabia, where the sun sets, occidental thing, people who live facing westward, language of the Arabs that lived facing westward: And as that language of the Arabs was considered a corrupted form of Arabic, little understood by the Spaniards, from here *algarabía* began figuratively to pass for something written or said in a way that one does not understand, and the clamor of various people who by all speaking at the same time, cannot be understood. – Others say that it came from *alarabiya*, the Arabic language. *Algarabía* is also the name of a plant, and it appears that it was given because of the messiness of its branches, alluding to the most common meaning of the voice *algarabia* (Academia Española).

Pedro Felipe Monlau,
*Diccionario Etimológico de la Lengua Castellana,* 1856

# HOKUSAI

DESDE OS 6 ANOS
QUE EU TINHA A MANIA DE DESENHAR
A FORMA DAS COISAS.
QUANDO EU ESTAVA COM 50 ANOS,
TINHA PUBLICADO UMA INFINIDADE DE
DESENHOS;
MAS TUDO QUE PRODUZI ANTES DOS 70
ANOS DE IDADE NÃO É DIGNO DE SER
LEVADO EM CONTA.
AOS 73 ANOS APRENDI UM POUCO
SOBRE A VERDADEIRA ESTRUTURA
DA NATUREZA,
DOS ANIMAIS, PLANTAS, PÁSSAROS,
PEIXES E INSETOS.
EM CONSEQÜÊNCIA,
QUANDO ESTIVER
COM 80 ANOS DE IDADE
TEREI REALIZADO MAIS E MAIS
PROGRESSOS;
AOS 90,
PENETRAREI NO MISTÉRIO DAS
COISAS;
AOS 100,
POR CERTO TEREI ATINGIDO UMA FASE
MARAVILHOSA,
E QUANDO TIVER 110 ANOS DE IDADE,
QUALQUER COISA QUE EU FIZER, SEJA
UM PONTO OU UMA LINHA, TERÁ VIDA.

ESCRITO AOS 75 ANOS DE IDADE POR
MIM,
OUTRORA CHAMADO HOKUSAI,
HOJE GWAKIO ROJIN, O VELHO LOUCO
POR DESENHAR.

# HOKUSAI

SINCE 6 YEARS OF AGE
I HAD THE URGE TO DRAW
THE FORM OF THINGS.
WHEN I WAS 50 YEARS OLD,
I HAD PUBLISHED AN INFINITE NUMBER OF
DRAWINGS;
BUT EVERYTHING I PRODUCED BEFORE 70
YEARS OLD IS NOT WORTH
TAKING INTO CONSIDERATION.
AT 73 I LEARNED A LITTLE
ABOUT THE TRUE STRUCTURE
OF NATURE,
OF ANIMALS, PLANTS, BIRDS,
FISH AND INSECTS.
AS A CONSEQUENCE,
WHEN I AM
80 YEARS OLD
I WILL HAVE ACHIEVED MORE AND MORE
ADVANCEMENTS;
AT 90,
I WILL PENETRATE THE MYSTERY OF
THINGS;
AT 100,
I WILL HAVE CERTAINLY REACHED A MARVELOUS
STAGE,
AND WHEN I AM 110 YEARS OLD,
WHATEVER I DO, BE IT
A DOT OR A LINE, IT WILL HAVE LIFE.

WRITTEN AT AGE 75 BY
ME,
FORMERLY NAMED HOKUSAI,
TODAY GWAKIO ROJIN, THE OLD MAN CRAZY
ABOUT DRAWING.

## CÂMARA DE ECOS

Cresci sob um teto sossegado,
meu sonho era um pequenino sonho meu.
Na ciência dos cuidados fui treinado.

Agora, entre meu ser e o ser alheio,
a linha de fronteira se rompeu.

## ECHO CHAMBER

I grew up under a peaceful lair,
My dream was just a little dream of mine.
I was trained in the science of care.

Now, between my being and the other being,
The border line has disappeared.

## LAUSPERENE

Quase qualquer antologia
da atual poesia nacional:
seqüência segue seqüência
de poema-piada
e pseudo-haicai.
Ou o pior de tudo
e o mais usual:
brevidade-não concisão
brevidade-camuflagem
de poema travado
engolido pra dentro.
Belo é quando o seco,
rígido, severo
esplende em flor.
Seu nome: Cabral.
Nome de descobridor.

LAUSPERENE


Almost any anthology
of current national poetry:
sequence succeeds sequence
of poem-joke
and pseudo-haiku.
Or worst of all
and the most frequent:
brevity–not conciseness
brevity–camouflage
of a locked poem
swallowed from inside.
Beautiful is when the dry,
rigid, severe
blossoms in flower.
His name: Cabral.
Name of a discoverer.

## RUA CARIOCA 1993

Estilo tísico (corte cronológico século 19)
de ser poeta.
Estilo tísico abre a boca e fala de rua
como se pavimentasse
com paralelepípedos
seu gabinete engasgado.
O que estilo tísico pensa ser rua:
rua não é nem rua foi.
Saudades do sapo ou do peixe-boi.
São imagens roubadas de poemas e poetas,
recortes, recopilações, reprises,
amostras grátis,
coágulos sem sangue,
próteses da fantasmagórica Rua do Sabão.

Sem a vitalidade amarelo-estridente
de um cravo de defunto.

CARIOCA STREET 1993


Consumptive style (chronological cut 19th century)
of being a poet.
Consumptive style opens the mouth and talks of the street
as if its choked cabinet
were paved
with cobblestones.
What consumptive style thinks to be street:
street it's not and street it wasn't.
Longing for the frog or the fish-ox.
They are stolen images of poems and poets,
clippings, replicas, reshowings,
free samples,
clots without blood,
prostheses of the fantasmagoric Soap Street.

Without the yellow-grated vitality
of a dead man's pore.

TAL
QUAL
PAUL
VALÉRY


dorenavant, doravante,
(somente em algum caso específico
com calculado efeito retroativo)
cada poema
... onde tudo é equilíbrio
e cálculo ...
constitui
em si
per si
a resolução de ser poeta.
... onde tudo é equilíbrio
e cálculo
como na música de Stravinsky.
Valéry não é arremedo de escudo
para o acuado remoedor do ar de medo:
um poema deve ser uma festa do intelecto.
E poemas e festas e intelectos implicam riscos.
Cuidado para não escrever:
ali, onde tudo não é senão ordem e beleza,
luxo, calma, e volúpia.
Mas nada de emenda
pois este paraíso-artefato
só se atinge de fato no poema.
Por que proibi-lo de ser o delírio das sensações?
Por que propor, ó fedelho, um cinto de castidade
e uma presilha para uma donzela-musa
deflorada e redeflorada cuja virgindade
só se recompõe por gosto de ser
deflorada e redeflorada mais?
Às vezes, ela clama para ser estuprada
mas não por você que fede a cueiros.

## JUST
## LIKE
## PAUL
## VALÉRY

dorénavant, henceforth,
(only in some specific case
with a calculated retroactive effect)
each poem
... where everything is balance
and calculus ...
constitutes
in itself
per itself
the audacity of being a poet.
... where everything is balance
and calculus
like in Stravinsky's music.
Valéry is not mimickry made of coinage
for the corralled hatch of fearful air:
a poem should be a fête of intellect.
And poems and fêtes and intellects imply risks.
Be careful not to write:
there, where everything isn't but order and beauty,
luxury, peace, and voluptuousness.
But nothing to amend
as this paradise-artifact
is only reached for certain in the poem.
Why prohibit it from being a delirium of the senses?
Why offer, hey kid, a chastity belt
and a hairbow for a deflowered and reflowered
maiden-muse whose virginity
only restores itself for the pleasure of being
deflowered and reflowered again?
Sometimes, she cries out to be raped
but not by you who craps your diapers.

Sei, com os antigos e alguns vivos,
que a fobia castra os ritmos
e as formas da coragem.
Sá de Miranda, Camões, Cesário,
João Cabral, Augusto, Ashbery:
a resolução de ser poeta
sem precisar o peito
estufar
de vãvaronice.
E, no mais,

POESIA É O AXIAL.

I know, as with the ancients and some still living,
that phobia castrates the rhythms
and the forms of courage.
Sá de Miranda, Camões, Cesário,
João Cabral, Augusto, Ashbery:
the audacity of being a poet
without needing to puff up
the chest
with vaincockery.
And, what's more,

POETRY IS THE ESSENTIAL.

POEMA JET-LAGGED
para ANTONÍ LLENA, artista catalão


Viajar, para que e para onde,
se a gente se torna mais infeliz
quando retorna? Infeliz
e vazio, situações e lugares
desaparecidos no ralo,
ruas e rios confundidos, muralhas, capelas,
panóplias, paisagens, quadros,
duties free e shoppings...

Grande pássaro de rota internacional sugado
pelas turbinas do jato.

E ponte, funicular, teleférico, catacumbas
do clube do vinho, sorbets, jerez, scanners,
hidrantes, magasin d'images et de signes,
seven types of ambiguity,
todas as coisas
perdem as vírgulas que as separam
explode-implode um vagão lotado de conectivos
o céu violeta genciana refletido
na agulha do arranha-céu de vidro
estações megalivrarias bouquinistes
la folie du voir bistrôs cinemas cidades
países inteiros engolfados no bueiro.
Alta cozinha e junk-food alternam-se.
O carnaval caleidoscópico das ruas
onde a dura liga metálica das línguas
se derrama no vigor demótico tatibitati
full of bullshit dos motherfuckers and
mothersuckers e fuck yourself up.
É de dia? É de manhã? É de tarde? É de noite?

Dormindo? Acordado? Sonâmbulo?

JET-LAGGED POEM

for ANTONÍ LLENA, Catalonian artist


To travel, for what and where to,
if we become unhappier
upon return? Unhappy
and empty, situations and places
disappeared down the drain,
mixed-up streets and rivers, great walls, chapels,
panoplies, landscapes, squares,
duty-free shops and shopping malls...

Large bird of an international route sucked
by jet turbines.

And bridge, rope, cable car, catacombs
of the wine club, sorbets, sherry, scanners,
hydrants, magasin d'image et de signes,
seven types of ambiguity,
all the things
lose the commas that separate them
a wagon full of connectives explodes-implodes
the gentian violet sky reflected
in the needle of the glass skyscraper
stations megabookstores Bouqinistes
la folie du voir bistros cinemas cities
whole countries engulfed in the storm drain.
High cuisine and junk food alternate.
The kaleidoscopic carnival of the streets
where the hard metallic alloy of tongues
spills into the slangy verve of trip-ups
full of the bullshit of the motherfuckers and
mothersuckers and fuck yourself up.
Is it day? Is it morning? Is it evening? Is it night?

Sleeping? Awaking? Somnambulent?

Diâmbulo ou noctâmbulo?
Como uma flecha, rasgar o regaço da língua
materna. Da cálida vagina, como uma flecha
disparada.
Como uma flecha: o multilingüismo é o alvo.
Busco "los papeles rotos de las calles"
e num retângulo da muralha de Girona tornado
dorso de um tigre para a algaravia de um Deus,
eis que decifro:

És quan dormo que hi veig clar!!!

E exubera o imanentismo mediterrâneo
carnalidade carpe diem pele cor mel de verniz
do Gran Torso de Tàpies Antoní Tàpies ao modo
de um Michelângelo do subsolo do Louvre
em Celebracio'de la mel. Destaque para la noche
oscura dos pêlos pubianos. "Pêlos pubianos",
assim fala Ana Ramis vestida num Kenzo
prêt-à-porter. "Pentelho" na minha faláspera.
O caos como um jogo de armar, um jigsaw
puzzle cósmico. O mundo como jogo
que se desarma. A lua verde-esmeralda
dos esgotos de Natintigou, Cotonou, Abidjan
salta de continente e brilha incontinente na tela
do rosto alvejado de gesso
da bicha Nossa Senhora das Ramblas
explorada por um gigolô cruel
e encurralada por handycams japonesas.
A rua é rua-rua ou realidade virtual interativa?

SCREEN SIGNALS

Use the information at the top of the screen
to plan your fighting strategies and
keep track of your progress...

Dayambulent or noctambulent?
Like an arrow, ripping the lap of the maternal
tongue. From the warm vagina, like a shooting
arrow.
Like an arrow: multilingualism is the goal.
I search for "los papeles rotos de las calles"
and in a rectangle of the Girona wall turned into
the back of a tiger for the cackle of a God
here is what I make out:

És quan dormo que hi veig clar!!!

And Mediterranean immanentism flourishes
carpe diem carnality skin honey-colored from the varnish of
Antoní Tàpies' Gran Torso in the manner
of a Michaelangelo in the basement of the Louvre
in Celebració de la mel. Highlight for la noche
oscura of pubic hairs. "Pubic hairs,"
that's how Ana Ramis speaks dressed in a prêt-à-porter
Kenzo. "Pubes" in my roughspeak.
Chaos like a game of arms, a cosmic
jigsaw puzzle. The world like a game
that disarms itself. The emerald-green moon
of the sewers of Natintigou, Cotonou, Abidjan
skips a continent and shines incontinently on the screen
of the whitened face of plaster
of a queer Our Lady of the Branches
exploited by a cruel pimp
and cornered by Japanese handycams.
Is the street a street-street or interactive virtual reality?

*SCREEN SIGNALS*

*Use the information at the top of the screen*
*to plan your fighting strategies and*
*keep track of your progress...*

—Indique-me sua direção, onde você se encontra
agora?
—Estou exatamente na esquina da Rua Walk com
a Rua Don't Walk.


As bestas relincham
e folheiam o Almanaque de Gotha
da velha nobreza poética.
O sol em extinção, as horas turvas e os espaços
em desordens são minhas matérias.
Fundo falso da bagagem da contrabandista.
Doce de goiabada cascão
com enchimento de cocaína.
Alfândegas e agentes alfandegários
enquanto espantalhos e espartilhos dessuetos
de um universo em erosão vorticista.
Habito meu nome legal ou contrabandeio
bárbaros e barbárie no meu bojo?
Traficar?
Trafico pitangas em chama, tiê-sangue,
camião de romeiros de Bom Jesus da Lapa,
a palavra OXENTE e galhos de ingazeiros.
O vinho raro que explodiu dentro da mala
e tingiu de tinto a camisa alva e cara da marca
"Comme des garcons".


E tudo:
          a mesma pasta que as minhocas da entropia
amalgamam num só composto.


Mas ficar, para que e para onde,

—Point out your direction to me, where do you find yourself
now?
—I am exactly at the corner of Walk Street and
Don't Walk Street.


The beasts neigh
and leaf through The Goth Almanac
of old poetic nobility.
The endangered sun, hazy hours, and disordered
spaces are my materials.
False bottom of a contrabandist's luggage.
Guava jam pie, the crust
a cocaine filling.
Customs and customs agents
meanwhile scarecrows and disused corsets
from a universe in Vorticist erosion.
Do I inhabit my legal name or do I contraband
barbarians and barbarity in my bulge?
Smuggling?
I smuggle burning Surinam cherries, Brazilian Tanager birds,
a truck of pilgrims from Bom Jesus da Lapa,
the word LAWD and branches of Inga trees.
The rare wine that exploded inside the suitcase
and dyed red the white and expensive shirt from the brand
Comme des Garçons.


And all:
        the same paste that the worms of entropy
amalgamate into a single compound.


But to stay, for what and where to,

se não há remédio, xarope ou elixir,
se o pé não encontra chão onde pousar,
embora calçado no topatudo inglês
do Dr. Martens,
(a sensação de ter enfiado o pé na jaca)
se viajar é a única forma de ser feliz
e pleno?


Escrever é se vingar da perda.
Embora o material tenha se derretido todo,
igual queijo fundido.


Escrever é se vingar?
Da perda?
Perda?
Embora? Em boa hora.

if there is no remedy, syrup, or elixir,
if the foot does not find ground to step on,
even in the do-it-all English footwear
of Dr. Martens,
(the feeling of having your foot stuck in jackfruit)
if traveling is the only way of being happy
and full?


Writing is to avenge loss.
Although the material has dissolved completely,
like melted cheese.



Writing is to avenge?
From loss?
Loss?
Notwithstanding? In good standing.

FÁBRICA DO POEMA
                    in memoriam DONNA LINA BO BARDI


sonho o poema de arquitetura ideal
cuja própria nata de cimento encaixa palavra por
palavra,
tornei-me perito em extrair faíscas das britas
e leite das pedras.
acordo.
e o poema todo se esfarrapa, fiapo por fiapo.
acordo.
o prédio, pedra e cal, esvoaça
como um leve papel solto à mercê do vento
e evola-se, cinza de um corpo esvaído
de qualquer sentido.
acordo,
e o poema-miragem se desfaz
desconstruído como se nunca houvera sido.
acordo!
os olhos chumbados
pelo mingau das almas e os ouvidos moucos,
assim é que saio dos sucessivos sonos:
vão-se os anéis de fumo de ópio
e ficam-se os dedos estarrecidos.
sinédoques, catácreses,
metonímias, aliterações, metáforas, oxímoros
sumidos no sorvedouro.
não deve adiantar grande coisa
permanecer à espreita no topo fantasma
da torre de vigia.
nem a simulação de se afundar no sono.
nem dormir deveras.
pois a questão-chave é:
                    sob que a máscara retornará o recalcado?

## POEM FACTORY

in memoriam LADY LINA BO BARDI


i dream the poem of ideal architecture
whose own cement birth fits in word by
word,
i became an expert in extracting flashes from the shards
and milk from the rocks.
i awake.
and the whole poem tears apart, thread by thread.
i awake.
the building, stone and chalk, flutters
like a light paper loose upon the mercy of the wind
and lifts itself up, ashes of a body emptied
of any feeling.
i awake,
and the poem-mirage undoes itself
deconstructed as if it never existed.
i awake!
eyes drained
over the porridge of souls and deaf ears,
this is the way i depart from successive drifts of sleep:
the rings of opium smoke go away
and the petrified fingers stay.
synecdoches, catachreses,
metonymies, alliterations, metaphors, oxymorons
cleared away in the chasm.
one should not anticipate many remnants
lurking at the top
of the watchtower.
neither the pretense of drowning oneself in sleep.
neither truly sleeping.
so the key issue is:
          under which mask will the repressed return?

(mas eu figuro meu vulto
caminhando até a escrivaninha
e abrindo o caderno de rascunho
onde já se encontra escrito
que a palavra "recalcado" é uma expressão
por demais definida, de sintomatologia cerrada:
assim numa operação de supressão mágica
vou rasurá-la daqui do poema.)

pois a questão-chave é:
        sob que máscara retornará?

(but i take my shape
walking until the desk
and opening a draft notebook
where one already finds it written
that the word "repressed" is an expression
however defined, of dense symptomatology:
so in an operation of magic suppression
i will blot it out of the poem.)

so the key issue is:
            under which mask will it return?

MÃE DOS FILHOS PEIXES
                    para minha Yemanjá: MARTA


ODOYÁ, YEMANJÁ
mãe do peixe vivo, do pescado e do pescador.
mãe da paixão do grão de areia
                    pela estrela do mar.
mãe da água-mãe e do tapete de algas
                    e da caravela e da água-viva.
mãe do cavalo marinho
                    e do mundéu de mariscos,
do cação, do cachalote, do xaréu,
                    da pititinga e da piaba
e de todo e qualquer peixe isolado
                    ou em cardume
que se nomeia ou enumera.


anêmona do mar, lume na cerração,
                    princesa de ayocá.
dona do barco e da rede de pescar.


senhora da mira do aço do arpão
e da orelha ultra-sonora do sonar.
aquela que toma posse de todos os rochedos
                    que a onda do mar salpica
ela é a dona da voz que soa e ressoa nas conchas
ela é a matriz do cântico hipnótico da sereia.
é um teto que protege o navegante
                    ao oceano entregue
é uma cama que alberga o náufrago
                    ao oceano entregue

mãe sexualizada
mãe gozosa

## MOTHER OF THE FISH CHILDREN
### for my Yemanjá: MARTA


ODOYÁ, YEMANJÁ
mother of live fish, the catch and the fisherman.
mother of the passion of a grain of sand
                by the starfish.
mother of the water-mother and the algal carpet
                and the caravel and jellyfish.
mother of the seahorse
                and the shellfish trap,
of the dogfish, the sperm-whale, the African threadfish,
                the pititinga and the riverfish
and of every and any isolated fish
                or in a shoal
that one could name or list.


sea anemone, light in the fog,
                princess of ayocá.
dame of the boat and the fishing net.


lady of the sights of the steel harpoon
and the ultra-sonic ear of the sonar.
the one that takes possession of all the rocks
                that the ocean wave speckles
she is the owner of the voice that sounds and resounds in the shells
she is the matrix of the hypnotic song of the mermaid.
the roof that protects the navigator
                delivered to the ocean
the bed that lodges the shipwrecked
                delivered to the ocean

sexualized mother
joyful mother

mãe incestuosa


que reina no mar revolto e na maré mansa
e se adona do remanso e do abissal.
senhora dos afogados e dos que nadam
e dos que sobrenadam sobre as ondas.

duro doce mar divino.


INAÉ, JANAÍNA

incestuous mother


that reigns over the rough seas and gentle tide
and dons the backwater and the abyssal.
lady of the drowned and those who swim
and those who float on top of the waves.

       hard sweet divine sea.


       INAÉ, JANAÍNA

## MINHA ALEGRIA

minha alegria permanece eternidades soterrada
e só sobe para a superfície
através dos tubos alquímicos
e não da causalidade natural.
ele é filha bastarda do desvio e da desgraça,
minha alegria:
um diamante gerado pelo combustão,
como rescaldo final de incêndio.

## MY HAPPINESS

my happiness remains underground for eternities
and only rises to the surface
through alchemic tubes
and not from natural causality.
it is the bastard child of detour and disgrace,
my happiness:
a diamond procured from combustion,
like the final dousing of fire.

## CARTA ABERTA A JOHN ASHBERY

A memória é uma ilha de edição—um qualquer
passante diz, em um estilo nonchalant,
e imediatamente apaga a tecla e também
o sentido do que queria dizer.

Esgotado o eu, resta o espanto do mundo não ser
levado junto de roldão.
Onde e como armazenar a cor de cada instante?
Que traço reter da translúcida aurora?
Incinerar o lenho seco das amizades esturricadas?
O perfume, acaso, daquela rosa desbotada?

A vida não é uma tela e jamais adquire
o significado estrito
que se deseja imprimir nela.
Tampouco é uma estória em que cada minúcia
encerra uma moral.
Ela é recheada de locais de desova, presuntos,
liquidações, queimas de arquivos,
divisões de capturas,
apagamentos de trechos, sumiços de originais,
grupos de extermínios e fotogramas estourados.
Que importa se as cinzas restam frias
ou se ainda ardem quentes
se não é selecionada urna alguma adequada,
seja grega seja bárbara,
para depositá-las?

Antes que o amanhã desabe aqui,
ainda hoje será esquecido o que traz
a marca d'água d'hoje.

Hienas aguardam na tocaia da moita enquanto
os cães de fila do tempo fazem um arquipélago

## OPEN LETTER TO JOHN ASHBERY

Memory is an editing deck—a nameless
passerby says, in a nonchalant manner,
and immediately hits delete and also
the meaning of what he wanted to say.

The self expired, there remains the shock of the world not being
dragged away altogether.
Where and how to store the color of each moment?
What stroke to retain from the translucent dawn?
To set ablaze the dry wood of shriveled friendships?
The scent, perhaps, of that faded rose?

Life is not a screen and never acquires
the rigid meaning
that one wishes to imprint on it.
Neither is it a story in which each detail
locks away a moral lesson.
It is stuffed with fish-spawning pools, hams,
shopping sales, the burning of archives,
divisions of captures,
the conclusions of fragments, vanishings of originals,
extermination groups and exploding photograms.
Who cares if the cold ashes remain
or if they still burn hotly
if some proper urn is not selected,
be it Grecian or barbarian,
in order to deposit them?

Before tomorrow pours down here,
still forgotten now will be what brings
today's watermark.

Hyenas keep watch in the ambush of the thicket while
the cattle dogs of time make a threaded

de fiapos do terno da memória.
Ilhotas. Imagens em farrapos dos dias findos.
Numerosas crateras ozoniais.
Os laços de família tornados lapsos.
Oco e cárie e cava e prótese,
assim o mundo vai parindo o defunto
de sua sinopse.
Sem nenhuma explosão final.

Nulla dies sine linea. Nenhum dia sem um traço.
Um, sem nome e com vontade aguada,
ergue este lema como uma barragem
anti-entropia.

E os dias sucedem-se e é firmada a intenção
de transmudar todo veneno e ferrugem
em pedaço do paraíso. Ou vice-versa.
Ao prazer do bel-prazer,
como quem aperta um botão da mesa
de uma ilha de edição
e um deus irrompe afinal para resgatar o humano
fardo.

Corrigindo:
                o humano fado.

archipelago from the suit of memory.
Islets. Images in distress from the days past.
Innumerable ozone craters.
The family ties having become lapsed.
Vacant and crumbling and sunken and prosthetic,
the world goes on giving birth to the cadaver
of its synopsis.
Without any final explosion.

Nulla dies sine linea. Not a day without a line.
One, without name and with watery will,
raises this slogan like an anti-entropic
barrier.

And the days follow each other and settled is the intention
to convert all prohibited things and rust
into pieces of paradise. Or vice-versa.
At the pleasure of one's own convenience,
as one who presses the homemade button
of an editing deck
and a god emerges at last to redeem the human
freight.

Correction:
                    the human fate.

UM LEGADO
DE WALLACE STEVENS


Assim como quem
                    —agnóstico, cético, sarcástico incréu—
estende réstias de alho por toda a casa,
para afastar mau agouro.


Assim como quem plurifica
a ferocidade da mente,
zela pela aura, aurora de cada palavra,
com ritmo penetra, sexualiza a fala,
colore com finuras, matizes de papel de seda,
                    o balão do pensamento
tornado-o inda mais chiaroscuro, espermático;

e com cerol de vidro moído, cola de sapateiro,
afia, tempera o laço mágico
que rabeia a sorte, compele o futuro
e provê um canto, um giro diverso para cada ato.


Um retângulo de morro/
um recorte losango de céu azul-turquesa/
o teatro gestual-masturbatório das mãos/
linhas e linhas e linhas/
e o móbile rompe nuvens,
rasga novos desenhos sobre o mapa celeste.


Cumprir uma receita ancestral,
de prístina pureza:

encharcar ao longo do poema inteiro,

A LEGACY
OF WALLACE STEVENS


Just like someone who
                    —agnostic, skeptical, sarcastic unbeliever—
stretches out strings of garlic throughout the house,
to ward off bad luck.


Just like someone who plurifies
the ferocity of the mind,
watches over the aura, aurora of each word,
penetrates with rhythm, sexualizes speech,
colors with finesse, hues of tissue paper,
                    the thought balloon
making it 'ven more chiaroscuro, spermatic;

and with wax made of ground glass, cobbler's glue,
sharpens, brazes the magic lasso
that wags luck around, compels the future
and furnishes a corner, a varied spin for each act.


A rectangle hill/
a cut diamond blue-turquoise sky/
the gestural-masturbatory theater of the hands/
lines and lines and lines/
and the mobile breaks clouds,
rips new designs across the celestial map.


To fulfill an ancestral recipe,
of pristine purity:

to drench the entire length of the poem,

do começo até o fim,
metáforas, metáforas, metáforas.


Metáforas à mancheia:

uma arraia-miúda
intenta
ser deus entre deuses.

from beginning to end,
metaphors, metaphors, metaphors.


Metaphors by the handful:

the hoi polloi
attempts
to be god among gods.

## ANTI-VIAGEM

Toda viagem é inútil,
medito à beira do poço vedado.

Para que abandonar seu albergue,
largar sua carapaça de cágado.
e ser impelido corredeira rio abaixo?
Para que essa suspensão do leito
da vida corriqueira, se logo depois
o balão desinfla velozmente e tudo
soa ainda pior que antes pois entra
agora em comparação e desdoiro?


Nenhum habeus corpus
é reconhecido no Tribunal de Júri do Cosmos.
O ir e vir livremente
não consta de nenhum Bill of Rights cósmico.
Ao contrário, a espada de Dâmocles
para sempre paira sobre a esfera do mapa-múndi.
O Atlas é um compasso de ferro
demarcando longitudes e latitudes.

Quem viaja arrisca
uma taxa elevada de lassitudes.
Meu aconchego é o perto,
o conhecido e reconhecido,
o que é despido de espanto
pois está sempre em minha volta,
o que prescinde de consulta
ao arquivo cartográfico.
O familiar é uma camada viscosa,
protetiva e morna
que envolve minha vidacomo um pára-choque.

ANTI-TRAVEL

All travel is useless,
I brood at the edge of the enclosed well.

To what end abandon one's shelter,
leave one's turtle shell behind
And be impelled downstream by the rapids?
To what end this suspension of the
quotidian bed, if soon after
the balloon disinflates slowly and everything
resounds worse than ever before and
now in comparison looks tarnished?


No habeus corpus
is recognized in the Jury Tribunal of the Cosmos.
Coming and going as one pleases
doesn't consist of any cosmic Bill of Rights.
Just the opposite, the sword of Damocles
forever hovers above the sphere of the mappa mundi.
The atlas is an iron compass
demarcating longitudes and latitudes.

Whoever travels risks
a high rate of weariness.
What is cozy to me is what is near,
the known and recognizable,
that which is free of fear
is always then in my return,
that which does without reference
to the cartographic archive.
The familiar is a sticky layer,
protective and lukewarm
that covers my life like a bumper.

Nunca mais praias nem ilhas inacessíveis,
não me atraem mais
os jardins dos bancos de corais.

Medito à beira da cacimba estanque
logo eu que me supunha amante
ardoroso e fiel
do distante
e cria no provérbio de Blake que diz:

*EXPECT POISON FROM THE STANDING WATER.*

Ou seja:

AGUARDE VENENO DA ÁGUA PARADA.

ÁGUA ESTAGNADA SECRETA VENENO.

Never again beaches nor inaccessible islands,
the gardens of coral banks
no longer entrance me.

I brood at the edge of the watertight well
soon I who consider myself a lover
impassioned and faithful
to the distant
and create in the proverb of Blake that says:

EXPECT POISON FROM THE STANDING WATER.

STAGNANT WATER BEARS POISON.

MEIA-ESTAÇÃO
                para SUSANA DE MORAES


Presságios nas flores abertas dos junquilhos;
                abertas, justamente, hoje de manhã.
O arco-íris e seu sortilégio,
                justamente, hoje de manhã.
Folhas de figueiras levitantes, aéreas.
O mar hermafrodito e sua baba epiléptica:
                macho lambendo a areia da praia
                        arreganhada;
                fêmea singrada por navios duros,
                        de ferros e aços,
                e seu mostruário-monstruário de
                        mastros.
Tarda a vir o outono este ano,
                o verão não quer se despedir.
Um vento quente passa e acorda
                os feitiços e as promessas do verão
                        inteiro.
Escrever assim é romantizar o vento quente
                que passa a lembrar somente
que é o vento quente e desaforado
a passar uma lixa grossa
sobre a cidade, os seres e as coisas.
Vento bebêdo de amnésia e desmemória,
incapaz de verão-outono ter por nome próprio,
trafega indiferente à nossa tradição ibérica
que exige para tudo registro e certidão,
pagamento de estampilha ou selo do tesouro,
aval e avalista,

                reconhecimento de firma
                por tabelião em cartório
Além do estilo—imperativo categórico—
                de nosso arquétipo

HALF-SEASON
                    for SUSANA DE MORAES


Omens in the open flowers of jonquils;
                    open, just this morning.
The rainbow and its spell,
                    just this morning.
Leaves of levitating fig trees, hovering.
The hermaphrodite sea and its dribbling saliva:
                    male licking the sand of the grinning
                            beach;
                    female sailing by hard ships,
                            of iron and steel,
                    and its showcase-savagecase of
                            masts.
Autumn slow to arrive this year,
                    the summer does not want to say goodbye.
A warm wind passes by and awakens
                    the incantations and promises of the entire
                            summer.
To write this way is to romanticize the warm wind
                    that comes to only remember
that it is the warm and insolent wind
passing a coarse sandpaper
over the city, beings and things.
Drunken wind of amnesia and unmemory,
incapable of having summer-autumn as a proper name,
travels indifferent to our Iberian tradition
that requires registration and certification for everything,
stamped payment or treasury seal,
guarantee and guarantor,

                    official notarization
                    by a commissioner for oaths
In addition to the style—categorical imperative—
                    of our archetype

de tabelião perfunctório

(parente lusitano-brasileiro do literalista pedante
de Miss Marianne Moore)

cujo breviário reza:

"Lavro e dou fé... é verão."
Ou
"Lavro e dou fé... é outono."

of a perfunctory notary

(Luso-Brazilian relative of the pedantic literalist
Miss Marianne Moore)

whose prayerbook beseeches:

"I hereby faithfully attest... it is summer."
Or
"I hereby faithfully attest... it is autumn."

RIO(coloquial-modernista).DOC


O deus que banha o Rio de Janeiro
fica murrinha nos dias sem sol.
Mas é só o sol brilhar:
o Rio arreganha suas sem-vergonhas,
e o deus experimenta
novissímas aptidões
para o prazer.

Aí o deus e o Rio se esparramam no tempo,
sem ziquiziras.

RIO(colloquial-modernist).DOC


The god that bathes Rio de Janeiro
becomes irritated on sunless days.
Yet it only takes the sun to shine:
Rio bares its unabashedness
and the god exerts
the latest faculties
for pleasure.

Then the god and Rio scatter in time,
without muddles.

DOMINGO DE RAMOS
                para ANTONIO CICERO


I

O indesejado das gentes entrou, enfim, na cidade.
Seu peito é só cavidade e espinho encravado,
cacto do deserto das cercanias,
torpor de quem se sente aplicado por cicuta
ou mordido de cobra.

O que, convenhamos, lhe dá um ar desapegado
                        das coisas triviais
e acresce seu charme
        paradoxal
                perante o populacho.

A cidade é uma nebulosa de sonho:
tempos e lugares diversos embaralhados,
tantas glórias e hosanas,
tantos pedidos de empregos,
partidos, facções, crimes organizados,
júbilos e adulações.

Uma sensação de dejá vu
        que murcha qualquer frescor
                        na idade madura.


II

Assim falava o antecessor:
"O poeta é um ressentido e o mais são nuvens".
Assim ele, aqui, fala:

PALM SUNDAY

for ANTONIO CICERO


I

The undesirable entered, finally, the city.
His chest is all cavity and ingrown thorn,
desert cactus of the neighborhood,
the weariness of someone poisoned by hemlock
or snake bite.

Which, we admit, gives him the detached air
                              of trivial things
and increases his paradoxical
        charm
                    in the presence of the populace.

The city is a nebula of dream:
various times and places shuffled,
many praises and hosannas,
many job applications,
parties, factions, organized crimes,
joys and flattery.

A dejá vu sensation
            withering any freshness
                        in mature age.


II

Thus spoke the predecessor:
"The poet has a chip on his shoulder and the rest are clouds."
Thus he, here, speaks:

Os ressentimentos esfiapados
são como nuvens esgarçadas.

Campo aberto,
ele vira uma câmara de ecos.
Câmara de ecos:
a substância do próprio tutano tornada citação.

Aprende a palidez altiva
e o sorriso aloof
de quem compreende as variações dos ventos da
mídia.
Estas qualidades ele supõe ter importado
de Stendhal e de Emerson,
já de Drummond ele assimila
uma certa qualidade esconsa,
retalho daqui, recorte dali,
etecetera et caterva.

Ele: o amalgâmico
                    o filho das fusões
                            o amante das algaravias
o sem pureza.

Como compor, com semelhante melting-pot,
uma inteireza de homem
que caiba no anúncio "Ecce Homo"?


III

Hoje é
Domingo de Ramos
(Palm Sunday),
uma boa oportunidade para sobrevoar
de helicóptero:

Threadbare resentments
are like tattered clouds.

Open field,
he becomes an echo chamber.
Echo chamber:
the substance of marrow itself made citation.

Learn haughty pallor
and the aloof smile
of who understands the variations of the winds of the
media.
These qualities he supposes to be imported
from Stendhal and Emerson,
though from Drummond he incorporates
a certain esconsed quality,
snip here, cut there,
et cetera et al.

He: the amalgamic
                        the son of bondings
                                the lover of mumbo-jumbo
without pureness.

How to compose, with a similar melting-pot,
a wholeness of man
that fits in the ad "Ecce Homo"?


III

Today is
Domingo de Ramos
(Palm Sunday),
a good opportunity for a helicopter
flyover:

os manguezais de esgotos negros
e garças brancas,
os morros
de parcas palmas de palmeiras
e muito capim colonião
—o capim colonião ao vento parece uma cabeleira
encharcada de gel—
as praias
onde ELE simula
            através das leis do Livro do Caos
o delírio demiúrgico
de que as hélices do helicóptero
            são as provocadoras
                        das ondas do mar.

Domingo de Ramos
(Palm Sunday).
Dentro do helicóptero
            lá em cima
o diabo recorda-lhe, então, um conto de Sartre,
sobre Erostrato, o piromaníaco,
que adorava olhar os homens
bem do alto
como se fossem
            formiguinhas.

the mangroves of black sewers
and white egrets,
the hills
of parkas palms of palm trees
and lots of colonial grass
—colonial grass in the wind looks like a wig
soaked in gel—
the beaches
where HE affects
            through the laws of the Book of Chaos
the demiurgic delirium
by which the helicopter blades
            are the provokers
                        of ocean waves.

Domingo de Ramos
(Palm Sunday).
Inside a helicopter
                        way up there
the devil remembers, then, a story by Sartre,
about Herostratus, the pyromaniac,
who loved to look at men
way high
as if they were
                        tiny ants.

# PERSISTÊNCIA DO EU ROMÂNTICO

O real é oco, coxo, capenga.
O real chapa.
A imaginação voa.

Escrevi até a exaustão
no pergaminho d'água do sono.
Nessas linhas esvaídas no vórtice da vigília,
ao mesmo tempo em que inebriado ouvia
com o mais apurado ouvido absoluto,
parece que eu transcrevia
com o exata minúcia de geômetra-matemático,
em uma vívida e mutável clave,
as notas do sempre mesmo rouxinol.
Sumida a cor do perfume das rosas
de Hafiz de Chiraz
sem deixar pista de armazém,
aparelho clandestino,
ponta de estoque, local de resgate,
arquivo ou fichário
do fantasmático país do olvido
dessa amalgamada região dos tropos,
acordei
       (oh! calígrafo dopado!)
                   e
nada restou impresso.

Reduzido a esqueleto de éter,
Poeta mente demais...
Uma borboleta bate as asas
dentro do meu peito
e provoca furacões
lá na Cochinchina. Ou vice-versa.

# PERSISTENCE OF THE ROMANTIC SELF

The real is hollow, lame, crippled.
The real stumbles.
The imagination flutters.

I wrote until exhaustion
in the parchment of sleep's waters.
In these vanished lines in the vortex of wakefulness,
while intoxicated I would hear
with the most accurate absolute pitch,
it seems that I transcribed
with the exact detail of geometer-mathematician,
in a vivid and changeable clef,
the notes of always the same nightingale.
The color of the rose perfume of Hafez of Shiraz
vanished
without a trace of repository,
clandestine unit,
outlet, rescue site,
archive or filing cabinet
of the phantasmatic country of oblivion
from this commingled region of tropes,
I awoke
       (oh! doped-up calligrapher!)
                     and
nothing remained printed.

Reduced to skeleton ether,
The poet lies too much...
A butterfly flaps its wings
inside my chest
and provokes hurricanes
there in Cochinchina. Or vice versa.

O real é oco, coxo, capenga.
O real chapa.
A imaginação voa.

The real is hollow, lame, crippled.
The real stumbles.
The imagination flutters.

## PESADELO DE CLASSE
### para MARCELO YUCA

se eu não tirar o pé da lama
e não fizer um turismo ecológico
na Chapada dos Guimarães
ou na Chapada dos Veadeiros

se de supetão a lama endurecer
ficar dura que nem bronze
e eu não tirar mais o pé do chão

se eu perder o penúltimo pau-de-arara
ou o último vagão do trem da fome

se eu não der uma tapa num hotel 5 estrelas
ou num vôo de primeiro classe
champagne, caviar e blinis
salmão fumê e chablis

se eu não for de bimotor
num vôo rasante sobre o pantanal
a um palmo do cocoruto dum tuiuiú
e da mandíbula aberta dum jacaré

ai que pesadelo
se na hora agá
eu não conseguir
tirar o pé da lama

se o cururu eu não ouvir
na beira do rio de Cuiabá
se por azar eu não participar
tintim por tintim

## CLASS NIGHTMARE
### for MARCELO YUCA

if i don't take my foot out of the mud
and don't partake in ecological tourism
at the Chapada dos Guimarães
or the Chapada dos Veadeiros

if all of a sudden the mud hardens
turning hard as bronze
and i never take my foot out of the ground again

if i lose the penultimate migrant's lorry
or the last wagon of the hunger train

if i don't smoke a joint at a 5-star hotel
or on a first-class flight
champagne, caviar and blinis
smoked salmon and Chablis

if i don't take a twin-engine plane
on a low-flying flight over the swampland
and a hand span of the top of a wood stork
and open jaw of an alligator

oh what a nightmare
if on the capital-h hour
i were unable
to take my foot out of the mud

if i don't hear the singing frog
on the bank of the Cuiabá river
if by bad luck i don't take part
blow by blow

da festa neo-pagã do boi Ápis de Parintins

se de supetão a lama endurecer
ficar dura que nem bronze
e eu não tirar mais o pé do chão

in the neo-pagan festival of the Parintins ox

if all of a sudden the mud hardens
turning harder than bronze
and i never take my foot out of the ground again

EU E OUTROS POEMAS


Adeus clara vista para estrelas e sol.
Retirada da Laguna:
            perda gradual de cabelos,
                              dentes,
                                    consoantes,
substantivos, verbos, sentenças, prefixos
e sufixos.


A pugna imensa travada nas gengivas murchas
e recuadas.


O verme será o herdeiro de excessos e tibiezas,
                  expectativas e indiferenças.
O verme será o equalizador de otimismos
e pessimismos,
                  iluminismos e trevas,
                  ilustração e paródia.


Os ossos descarnados e desfeita a potência
Que urdia uma clonagem do caniço pensante
de Pascal.

Caído feito Lúcifer que não sonha mais
com a luz.

I AND OTHER POEMS


Goodbye clear views for stars and sun.
Removed from the Lagoon:
        gradual loss of hair,

                        teeth,

                                consonants,

nouns, verbs, sentences, prefixes
and suffixes.


The immense struggle waged on withering and receding
gums.


The worm will be the inheritor of excesses and torpidities,
                expectations and apathies.
The work will be the equalizer of optimisms
and pessimisms,
                illuminations and darknesses,
                illustrations and parodies.


Scrawny bones and strength undone
So that a clone hatches from Pascal's thinking
reed.

Having fallen created Lucifer, who no longer dreams
of light.

## PAN CINEMA PERMANENTE
### para CARLOS NADER


Não suba o sapateiro além da sandália
            —legisla a máxima latina.
Então que o sapateiro desça até a sola
Quando a sola se torna uma tela
Onde se exibe e se cola
A vida do asfalto embaixo
                    e em volta.

PERMANENT PAN CINEMA
                    for CARLOS NADER


Shoemaker, not above the sandal
                    —a Latin maxim decrees.
Then make the shoemaker lower to the ground
When the ground becomes a screen
Where it shows off and cements
The life of the asphalt below
                                        and around.

## VIGIANDO O OCO DO TEMPO

Deslizo,
oculto aqui,
vigiando o oco do tempo.
Espaço ermo, parado.
Nada acontece. Nada parece acontecer.
Mas algo flui, o irremediável,
queimando todas as pontes de regresso.
Todo o passado está morto;
só vige o que vem, o que surge.
Todas as coisas íntegras dilaceram-se
ou são dilaceradas.
A velha senhora viajada,
detentora de recorde de milhagens,
temerosa das vacas do Ganges
depois de ter contemplado um berne
ao microscópio.
Berne que agora corrompe e torna pútrida
qualquer carne verde que ela vê
pois seu olho holografa
o esqueleto subjacente a todo corpo vivo.
Viver em mudança.
O assoalho repleto das peles velhas das cobras
e do pêlo felpudo das aranhas caranguejeiras.
Viver em mudança.
Que o sobre-humana poesia pica e envenena um
homem.

## GUARDING THE HOLLOW OF TIME

I slide,
concealed here,
guarding the hollow of time.
Uninhabited space, stopped.
Nothing happens. Nothing seems to happen.
But something flows, the incurable,
burning all the bridges of return.
All the past is dead;
it only guards what comes, what arises.
All the full things tear each other to pieces
or are lacerated.
The old well-traveled lady,
holder of mileage record,
fearful of cows from the Ganges
after having gazed at a larval parasite
under a microscope.
A larva that defiles and putrefies
whatever fresh meat it sees
as its eye holograph
the underlying skeleton of all living bodies.
To inhabit change.
The wood floor full of old snake skins
and the fuzzy down of tarantulas.
To inhabit change.
That super-human poetry prick and poison a
man.

HOJE

para CHICO ALVIM


O que eu menos quero pro meu dia
polidez, boas-maneiras.
Por certo,
          um Professor de Etiquetas
não presenciou o ato em que fui concebido.
Quando nasci, nasci nu,
ignaro da colocação correta dos dois pontos,
do ponto e vírgula,
e, principalmente, das reticências.
(Como toda gente, aliás...)

Hoje só quero ritmo.
Ritmo no falado e no escrito.
Ritmo, veio-central da mina.
Ritmo, espinha-dorsal do corpo e da mente.
Ritmo na espiral da fala e do poema.

Não está prevista a emissão
de nenhuma "Ordem do dia".
Está prescrito o protocolo da diplomacia.
AGITPROP—Agitação e propaganda:
Ritmo é o que mais quero pro meu dia-a-dia.
Ápice do ápice.

Alguém acha que ritmo jorra fácil,
pronto rebento do espontaneísmo?
Meu ritmo só é ritmo
quando temperado com ironia.
Respingos de modernidade tardia?
E os pingos d'água
dão saltos bruscos do cano da torneira

TODAY

for CHICO ALVIM


The last thing I want for my day
politeness, good manners.
Certainly,
          a Professor of Etiquette
did not witness the act in which I was conceived.
When I was born, I was born naked,
ignorant of the correct placement of two points,
the period and the comma,
and, above all, the suspension points.
(Like all people, that is...)

Today I want only rhythm.
Rhythm in the spoken and the written.
Rhythm, central vein of the shaft.
Rhythm, spinal column of the body and the mind.
Rhythm in the spiral of speech and poem.

Not foreseen is the broadcast
of any "Order of the Day."
Prescribed is the protocal of diplomacy.
AGITPROP—Agitation and propaganda:
Rhythm is what I want most for my day-to-day.
Top of the tops.

Does anyone think that rhythm gushes out easily,
ready offspring of spontaneity?
My rhythm is only rhythm
when seasoned with irony.
Slashes of late modernity?
And the drops of the water
give brusque skips from the sink faucet

   e
passam de um ritmo regular
para uma turbulência
   aleatoria.

Hoje...

and
pass in an orderly rhythm
toward a random
        turbulence.

Today...

## ORFEU DO RONCADOR

Não é que Orfeu resolveu morar nas águas
sossegadas do Roncador?
A cidade confusa, cheia de balbúrdia.
E Orfeu só canta onde gosta de morar:
folhagens (luxúrias de bromélias e helicônias)
aves,
visitações Eólicas,
pedras,
águas.
Uns ouvindo o canto intuem Orfeu, outros sentem
Oxum.
O canto flutua indeciso entre a identidade
do deus macho e da deusa fêmea.
Os trilhões de gotas de massa líquida
falam ao meu corpo
ora de um jeito, ora de outro.
Que importa a distinção do nome
quando corpo e alma
encharcados em divindade? Nado.


Alaúde, cuíca e pau-de-chuva.
Qual move as molas das plantas,
desabrocha flores, faz a água manar?
Quem sopra o trompete cromático
          do tombo d'água
no precipício?
Quem tange a lira do lajedo?
Quem canta aí fora na varanda de Dona Ana?
Que entidade range a rede gostosa da casa de
Eliana?

Nado no grande livro aberto do mundo.

## ORPHEUS OF SLUMBERVILLE

Didn't Orpheus decide to live in the placid
waters of Slumberville?
The chaotic city, full of uproar.
And Orpheus only sings where he likes to live:
foliage (lust of bromeliads and heliconias)
birds,
Zephyrous visitations,
rocks,
waters.
Some hearing the song intuit Orpheus, others feel
Oxum.
The song flutters uncertainly between the identity
of the male god and the female god.
Trillions of drops of mass liquid
speak to my body
first one way, then another.
What does the difference in name matter
with body and soul
drenched in divinity? I swim.


Lute, cuíca, and rainstick.
What stirs the spring of the plants,
blossoms flowers, makes the water pour?
Who blows the chromatic trumpet
            of the records of water
into the abyss?
Who plucks the lyre of the rock?
Who sings there outside of Miss Ana's balcony?
What entity creaks on the lovely hammock of Eliana's
house?

I swim in the great open book of the world.

## CANTO DE SEREIA

(Primeiro Movimento)

Tapar os ouvidos com cera ou chumbo derretido.
Construir uma fortaleza de aço blindado em volta
de si.
O próprio corpo produzir uma resina que feche os
poros,
como o própolis faz nas fendas dos favos de mel.

## MERMAID SONG

(First Movement)

Plugging ears with wax or melted lead.
Constructing an armored steel fortress around
oneself.
The body itself producing a resin that closes the
pores,
like propolis makes in the cracks of honeycombs.

## CANTO DE SEREIA

(Segundo Movimento)

A flor de estufa
salta a cerca
para luzir no mangue.
E se emprenha de fulano, sicrano e beltrano.
Sua vida atual reverbera vozes pretéritas,
adivinha vozes futuras.

Sua obsessão:
Que Eco se transforme em Narciso,
Que Eco se metamorfoseie em fonte.

# MERMAID SONG

(Second Movement)

The greenhouse flower
jumps the fence
to gleam in the mangrove.
And inseminates itself by whatever Tom, Dick and Harry.
Its current life reflects bygone voices,
foretelling future voices.

Its obsession:
That Echo turns into Narcissus.
That Echo turns into spring.

## DESEJO & ECOLALIA

—O que é que você quer ser quando crescer?
—Poeta polifônico.

## DESIRE & ECHOLALIA

—What do you want to be when you grow up?
—Polyphonic poet.

**O que é poesia?
–Poesia!
esta idéia
talqual
Proteu...**

*Edgar A. Poe*

# What is poetry?
# –Poetry!
# that Proteus-
# like
# idea...

*Edgar A. Poe*

Frase desentranhada das reflexões ON POETS AND POETRY, **"A letter to B."**, coletânea THE PORTABLE POE, edited by Philip Van Doren Stern, Penguin Books: **What is poetry? –Poetry! that Proteus-like idea...**

Glossário–Proteu: deus marinheiro da mitologia grega, com poder de se metamorfosear à vontade; deus polimorpho.

Phrase drawn from ON POETS AND POETRY, **"A letter to B.,"** THE PORTABLE POE by Philip Van Doren Stern, Penguin Books: **What is poetry? –Poetry! that Proteus-like idea...**

Glossary–Proteus: sea god from Greek mythology, with the power of metamorphosing at will; polymorphic god.

# TRANSLATOR'S NOTES

"Algarabia"
*Appleton's New Spanish-English and English-Spanish Dictionary* by Arturo Cuyás (New York: D. Appleton & Co.,1922), aided my Spanish translation.

"Just Like Paul Valéry"
*Vāvaronice* is Salomão's invention. I use "vaincockery" as *vão* connotes "vain" and *varão* "male."

"Jet-Lagged Poem"
*Oxente* (from *o gente*, or "o people"), associated with the Northeast region of Brazil, is a slang expression implying surprise.

"Poem Factory"
Brazilian musician, singer, and composer Adriana Calcanhoto arranged and sang this poem as a musical track on her third album, *A Fábrica do Poema*, (Epic Records, 1994).

"Mother of the Fish Children"
Yemanjá is a deity, goddess, and mother spirit in the Yoruba religion, revered in the Umbanda tradition in Brazil as one of the seven Orixás. Name variants in Portuguese include Iemanjá, Janaína, and Mãe da Água. The Yoruba variant is Yemọja (a contraction of *Yeye omo eja*, "mother whose children are like fish"). I retain Salomão's original spelling.

"My Happiness"
I render *tubos alquímicos* as "alchemic tubes," though less common "athanor" (from late 15th century Arabic, *at-tannūr*), a furnace used in an alchemical laboratory, also works, and corresponds to the Castillian Arabism embedded in the book's title.

"Open Letter to John Ashbery"
"Editing room" would be an accurate translation for *ilha de edição*,

a term generally used in filmmaking. I use "editing deck" to connect with the poem's subtextual concern with various deck-like surfaces such as screens and pools.

"Anti-Travel"
1. *sua carapaça de cágado.* A turtle's hard outer shell is *carapacho* in Spanish and carapace in English, though in seldom use. Sources I consult cite entries for *carapuça* ("cap") but no *carapaça*.
2. *mappa mundi,* literally "sheet of the world." I kept the original Latin expression. The famous 13th-century Mappa Mundi placed Jerusalem at its center.

"Palm Sunday"
1. *Etecetera e caterva*: *caterva* in Latin is a crowd or multitude.
2. This poem features the only other mention of the book's tituluar phrases.

ACKNOWLEDGMENTS


"Echo Chamber," "Open Letter to John Ashbery," and "Today" were first published in *Amerarcana: A Bird & Beckett Review*.

"Jet-Lagged Poem" was first published in *Asymptote*.

"A Legacy of Wallace Stevens" was first published in *The Literary Review*.

"Poem Factory," "I and Other Poems," and "Half-Season" were first published in *The Brooklyn Rail*.

I wish to express sincere gratitude to Leandro Couto de Almeida, Michael Barron, Anselm Berrigan, Marta Braga, Luis Negrón Girón, Duncan Lindsay, Aditi Machado, Felipe Meres, Anna Moschovakis, Tainah Negreiros, Marília Ribeiro, Omar Salomão, Ana Paula, Nick Whittington, Roberto Winter, and Matvei Yankelevich.


— Maryam Monalisa Gharavi